Saint-Germain des Prés et la Coupole

Collection de la Société des Promenades-Conférences

sous le patronage

du Ministère des Affaires Étrangères
du Ministère de l'Instruction publique
et de l'Office National du Tourisme

"POUR CONNAITRE PARIS"

20 Volumes

1. L'Évolution de Paris............. Marcel POËTE.
2. Le Paris des Romains............ Camille JULLIAN,
     de l'Académie Française
3. Vieux Hôtels du Marais......... Jean ROBIQUET.
4. Bastille et Faubourg Saint-Antoine.. FUNCK-BRENTANO.
5. L'Ile Saint-Louis et l'Arsenal....... FUNCK-BRENTANO.
6. Gobelins et Jardin des Plantes...... Edmond PILON.
7. Saint-Germain des Prés et la Coupole. G. LACOUR-GAYET,
     de l'Institut
8. Autour du Louvre et des Tuileries... André BELLESSORT.
9. Cité et Hôtel de Ville............ Louis HOURTICQ.
10. Des Halles à St-Martin-des-Champs. Georges HUISMAN.
11. Luxembourg et Quartier Latin...... Léon GOSSET.
12. Val de Grâce et Port-Royal........ André HALLAYS.
13. Faubourg St-Germain et Invalides... François BOUCHER.
14. Le Paris classique................ Raymond LÉCUYER.
15. Autour de l'Etoile................ Louis MADELIN.
16. La Colline de Chaillot (Auteuil-Passy). André MÉNABRÉA.
17. Le Vieux Montmartre .... Georges MONTORGUEIL.
18. Les anciens boulevards........... Paul GINISTY.
19. Les Tombes célèbres............. Edmond JALOUX.
20. Jardins et Promenades de Paris..... Lucien CORPECHOT.

VUE ACTUELLE DE SAINT-GERMAIN DES PRÉS.
Hauteur de la tour, 39 mètres ; du beffroi, 9 mètres :
de la flèche, 16 mètres. Hauteur totale, 64 mètres.

Pour connaître Paris

Saint-Germain des Prés
et la Coupole

par G. LACOUR-GAYET

Membre de l'Institut

LIBRAIRIE   HACHETTE
79, Boulevard Saint-Germain
PARIS

Saint-Germain des Prés
et la Coupole

I

L'Église Saint-Germain des Prés.

A l'époque romaine, une succession de prairies, de vergers et de vignobles s'étendait sur la rive gauche de la Seine, dans la partie septentrionale de notre VIe arrondissement ; c'étaient les dépendances du palais des Thermes, dont les ruines subsistent toujours dans les jardins du musée de Cluny. Quand l'un des fils de Clovis, Childebert, était roi de Paris, c'est-à-dire au milieu du VIe siècle, une basilique, dite de la Sainte-Croix ou de Saint-Vincent, fut construite à l'extrémité occidentale de cette région.

D'une expédition qu'il avait faite au delà des Pyrénées avec son frère Clotaire contre les Wisigoths d'Espagne, le roi Childebert avait rapporté deux reliques précieuses, la tunique de saint Vincent, qui provenait de Saragosse, et une croix d'or enchâssée de pierres précieuses, ouvrage, disait-on, de Salomon, qui provenait de Tolède. D'après le conseil de saint Germain, qui était alors évêque de Paris, il fit élever, à l'emplacement de l'église actuelle, une basilique en forme de croix ; les deux reliques y furent déposées ; par suite, elle fut désignée sous un double nom. La décoration en était d'une grande richesse : pavés de mosaïques, murailles aux incrustations d'or et de marbre, toiture métallique aux reflets éclatants.

Childebert fit bâtir aussi un monastère attenant à la basilique, pour y loger des religieux. C'étaient des moines bourguignons, que saint Germain avait fait venir de son monastère de Saint-Symphorien d'Autun ; Droctovée fut leur premier abbé. D'après la tradition, la dédicace de la basilique mérovingienne eut lieu le 23 décembre 558, le jour même de la mort de Childebert, son fondateur.

Le roi de Paris fut inhumé dans ce monument ; pendant près de deux siècles, la basilique de la

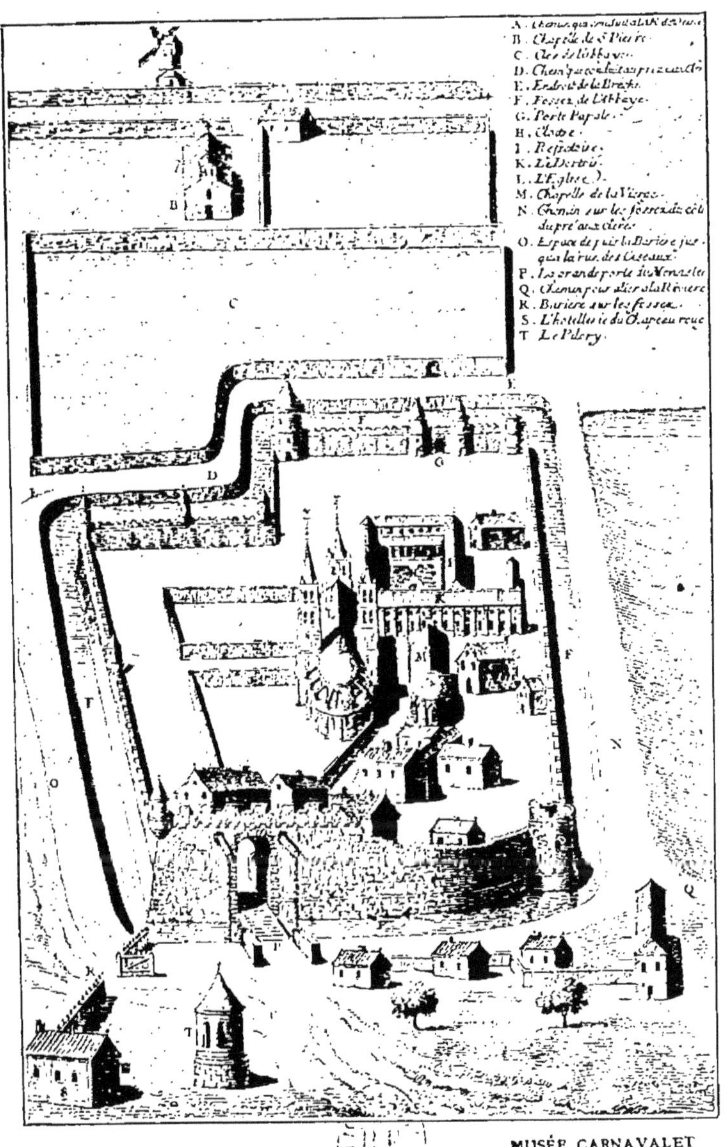

MUSÉE CARNAVALET

VUE DE L'ABBAYE, AVEC SON ENCEINTE FORTIFIÉE.
Cette vue est antérieure à la construction du palais abbatial,
c'est-à-dire à l'année 1586.

rive gauche devint comme la nécropole royale. Frédégonde y fut enterrée.

Dès le commencement du VIIe siècle, les vocables de Sainte-Croix et de Saint-Vincent firent place au vocable de Saint-Germain. L'évêque de Paris, qui passait pour avoir conseillé à Childebert l'érection de la basilique, avait fait élever, au bas de l'édifice, du côté du midi, — à l'emplacement actuel de la chapelle des catéchismes, — un oratoire en l'honneur de saint Symphorien, le célèbre martyr d'Autun. Quand il fut mort, en 576, on l'enterra dans cet oratoire ; les fidèles vinrent prier auprès de son tombeau, et la dévotion populaire donna bien vite à l'ensemble de l'édifice religieux le nom de Saint-Germain, ou mieux de Saint-Germain des Prés, *Sancti Germani a Pratis* ou *pratensis.*

La règle de saint Benoît, introduite en France par saint Maur, fut adoptée, au milieu du VIIe siècle, dans le monastère de la rive gauche de la Seine ; ses moines, qui portaient le froc noir, furent dès lors les Bénédictins de Saint-Germain des Prés. Jusqu'à la Révolution française, il y eut à cet endroit une république monacale; on sait la place qu'elle devait tenir dans l'histoire de la science, à partir de l'époque (1631) où l'abbaye de Saint-Germain fut unie à la congrégation de Saint-Maur. Les Mabillon, les Montfaucon, les Ruinart sont restés la gloire de cette maison et de l'érudition française.

Les moines de Saint-Germain possédaient de vastes domaines, soit sur le territoire actuel des VIe et du VIIe arrondissements, soit dans la banlieue de Paris. Ceux-ci remontaient à une donation de Pépin le Bref, de l'année 754. L'abbé du monastère Landfroi avait demandé au nouveau roi des Francs de procéder à la translation des reliques de saint Germain; elles quittèrent l'oratoire de Saint-Symphorien, pour être déposées dans la partie orientale de l'église. A cette occasion, Pépin fit don à saint Germain, c'est-à-dire au monastère qui portait ce nom, de la terre de Palaiseau, près de Paris, avec toutes ses dépendances.

Les terres de l'abbaye, avec la basilique et les bâtiments claustraux qui en formaient le centre, furent ravagées à maintes reprises, au IXe siècle, par les pirates normands qui remon-

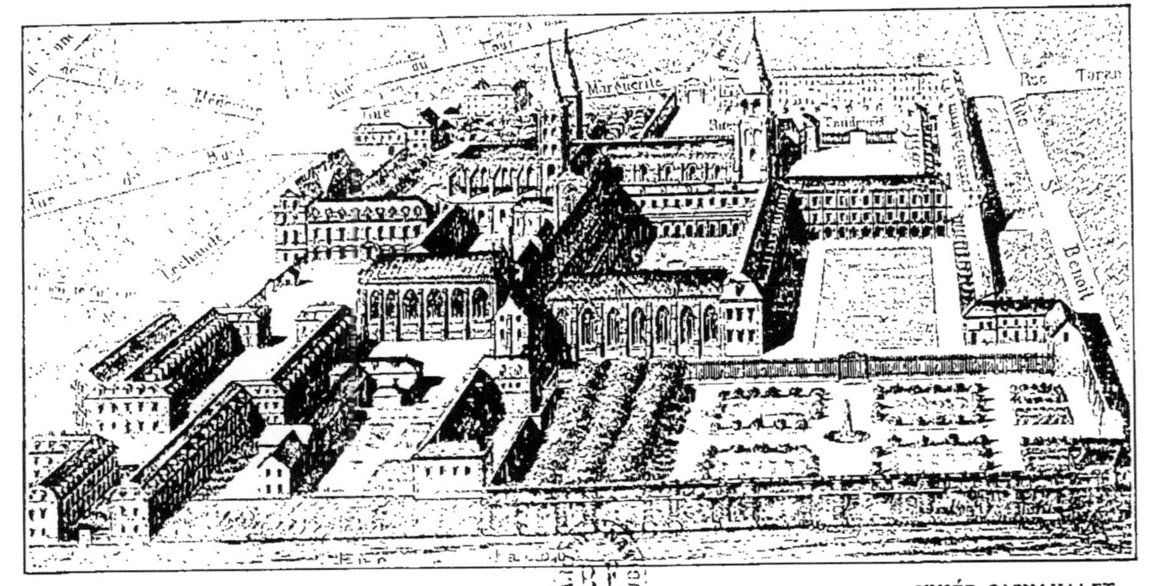

III

VUE DE L'ABBAYE SAINT-GERMAIN DES PRÉS ET DE SON MONASTÈRE
BÉNÉDICTIN AU XVIIIᵉ SIÈCLE.

taient la Seine ; en arrivant aux portes de Paris, ils étaient tentés par le riche aspect de l'édifice que le peuple avait baptisé Saint-Germain-le-Doré. En 845, à l'époque de Charles le Chauve, ils pillèrent, pour la première fois, Saint-Germain. Enhardis par l'impunité, ils revinrent, à la grande terreur des Parisiens ; chaque fois, c'é-taient des scènes de vandalisme et des incendies.

A cette époque de misère se rattache le souvenir d'un moine, Gozlin, dont le nom est porté par une rue voisine. Devenu abbé, il entreprit de résister aux pirates ; il remit en état les bâti-ments dévastés ; chancelier de Charles le Chauve, évêque de Paris, il prit une part énergique à la défense de la capitale contre les Normands ; il mourut au cours du siège, en 886.

Un siècle environ plus tard, à l'époque de Hugues Capet, l'abbaye était gouvernée par Morard, vingt-neuvième abbé ; élu en 990, il mourut en 1014. Il fit démolir la basilique de l'époque mérovingienne, qui avait été « trois fois incendiée par les païens, » et il entreprit en entier la réédification de l'édifice ; « il y cons-truisit aussi la tour avec la cloche et beaucoup d'autres choses. » Sa tombe, placée au milieu du chœur, portait, en effet, cette inscription :

Morardus, bonæ memoriæ abbas, qui, istam ecclesiam a paganis ter incensam evertens, a fundamentis novam reædificavit, turrim quoque cum signo multaque alia ibi construxit.

Le dimanche 21 avril 1163, sous l'abbatiat de Hugues III de Monceaux, le pape Alexandre III, accompagné de douze cardinaux, faisait la dédicace solennelle de la nouvelle église, complètement achevée.

C'est donc au cours des XIe et XIIe siècles, pendant les deux premiers siècles de la dynastie capétienne, que fut construite l'église Saint-Germain des Prés, telle qu'elle se présente à nos regards. Elle fut commencée du côté de la place actuelle et terminée du côté de l'abside. La tour et la nef offrent les caractères du pur style roman du XIe siècle, tandis que le chœur et les chapelles de l'abside, avec la juxtaposition d'arcs en plein cintre et d'arcs brisés, offrent les caractères du style ogival primitif du XIIe siècle.

Saint-Germain des Prés était l'église aux

trois clochers. Chaque nef latérale était flanquée
d'un clocher à la hauteur de la naissance de l'abside ; depuis 1821-1822, il n'en subiste plus que
les deux tours quadrangulaires, dans le style du
XI° siècle, qui en constituaient les assises. La
tour du midi (côté boulevard Saint-Germain)
était la *turris major* ou *magna,* appelée aussi tour
Sainte-Marguerite ; la tour du nord (côté rue de
l'Abbaye) était la *turris minor* ou *parva,* ou
encore la tour Saint-Casimir. Au-dessus de chacune des tours s'élevait un clocher en pierre, haut
de trois étages et terminé par une flèche. Les clochers, qui étaient crevassés en maints endroits,
menaçaient ruine ; force fut de les démolir jusqu'à
la plate-forme des tours.

L'intérieur de l'église subit, à l'époque de
Louis XIV, des transformations peu heureuses.
Depuis l'origine de la construction, une char-
pente apparente, comme dans les églises romanes,
couvrait la nef et les bas-côtés. On imagina de
la remplacer, de 1644 à 1646, par des voûtes
de pierre en ogive. Jusqu'à la même époque, les
deux façades nord et sud du transept étaient percées chacune par deux baies en plein cintre, de

la dimension et du style des baies qui éclairent encore la nef. On substitua alors aux deux baies de chaque côté une grande fenêtre ogivale à meneau central.

Pendant la Révolution, tout l'intérieur de l'église subit de gros dommages. La « ci-devant abbaye Germain » fut transformée, en 1794, en une raffinerie de salpêtre ; on y établit aussi une usine à forer les canons de fusil. Rendue au culte en 1802, l'église fut entièrement restaurée à partir de 1819. Le nom d'un grand peintre est attaché, depuis le milieu du XIXe siècle, à l'histoire de l'antique abbaye. Hippolyte Flandrin exécuta, de 1842 à 1861, les peintures des deux côtés du sanctuaire, celles du chœur et celles des deux côtés de la nef.

II

Le Monastère de Saint-Germain des Prés.

Autour de l'église s'était développée toute une cité monastique, qui n'avait cessé de grandir à travers les âges. A la fin du XVIIIe siècle, elle était ainsi limitée :

Au nord, la rue Jacob, jadis du Colombier, depuis la rue de Furstenberg, à côté de laquelle se trouvait la tour du Colombier, jusqu'à la rue Saint-Benoît ;

A l'ouest, la rue Saint-Benoît, jadis de l'Egout, depuis la rue Jacob jusqu'au bas-côté méridional du boulevard Saint-Germain (ancienne rue Taranne) ;

Au sud, la traversée de la rue de Rennes, à peu près à la hauteur de la cour du Dragon ; la rue Gozlin et le bas-côté méridional du boulevard Saint-Germain, qui répondent à l'ancienne rue Sainte-Marguerite ;

A l'est, la rue de l'Echaudé, sans atteindre tout à fait l'angle de la rue Jacob.

Toute cette enceinte avait été munie d'une muraille crénelée, lors des grands travaux que Charles V avait ordonnés en 1368 pour mettre Paris en état de défense contre les Anglais. Cette muraille, que précédait un fossé, était flanquée de trois tours d'angle et munie de cinq tourelles ou échauguettes. Les fortifications disparurent peu à peu ; mais le monastère resta toujours entouré d'une enceinte continue. Sur cette enceinte s'ouvraient quatre portes :

Au nord, la porte de la rue de Furstenberg ;

A l'ouest, la porte Saint-Benoît, un peu au sud de la rue de l'Abbaye ;

Au sud, la porte Sainte-Marguerite, dans la rue de ce nom, en face de la rue des Ciseaux ;

A l'est, la porte du Petit-Bourbon, en face de la rue Bourbon-le-Château.

En 1715, les religieux firent élever plusieurs grandes maisons pour des artisans et des marchands qui jouissaient de la franchise dans ce lieu privilégié. Ainsi furent formées, dans l'enclos de l'abbaye, des rues nouvelles. Trois ont subsisté : la rue Abbatiale, aujourd'hui passage de la Petite-Boucherie, la rue Cardinale, la rue de Furstenberg.

Sauf le palais abbatial, tout a disparu dans ce vaste ensemble de constructions, à la suite des aliénations qui suivirent la Révolution. Le percement qui fut fait, au début du XIXᵉ siècle, de la rue de l'Abbaye et de la rue Bonaparte acheva d'éventrer la cité monastique.

La place du Parvis, moins grande que la place actuelle de Saint-Germain des Prés, s'ouvrait, au sud, sur la rue de Childebert, à laquelle correspond à peu près la chaussée du boulevard Saint-Germain. Au nord de la place du Parvis, un grand bâtiment contenait, au rez-de-chaussée, les salles des hôtes et les bureaux. Les deux étages au-dessus étaient occupés par les services généraux de la congrégation de Saint-Maur.

En arrière de ce bâtiment, une grande cour intérieure était flanquée, du côté de la rue Saint-Benoît, d'un bâtiment pour les pressoirs, les celliers et la boulangerie. Au nord de cette cour, un vaste jardin rectangulaire, à l'usage des moines, était limité sur deux côtés par la rue Saint-Benoît et la rue du Colombier (rue Jacob). L'infirmerie, le jardin de l'infirmerie, le lavoir se succédaient à l'est du jardin des moines, jusqu'aux maisons de la rue de Furstenberg.

La partie orientale des bâtiments claustraux a été conservée dans sa forme générale, pour une bonne partie; elle constituait le domaine propre du révérendissime abbé, c'est-à-dire du grand personnage, évêque, cardinal, voire laïque, qui tenait du roi l'abbaye en commende. La petite place carrée qui s'ouvre toujours au milieu de la rue de Furstenberg était l'avant-cour ou cour des Écuries. Elle était entourée de divers bâtiments affectés au service de l'abbé : appartements des officiers, écuries, greniers. Dans une de ces dépendances, au n° 6 de la rue de Furstenberg, le peintre Eugène Delacroix a eu son atelier jusqu'à sa mort, en 1863.

Au sud de l'avant-cour, la cour abbatiale, sur l'emplacement de la rue de l'Abbaye, précédait le palais abbatial. Ce vaste édifice, en pierre et en briques, a été élevé, en 1586, par le cardinal Charles de Bourbon, oncle de Henri IV; il a été complètement restauré et agrandi, en 1691, par le cardinal Égon de Furstenberg, évêque de Strasbourg. C'est un grand hôtel, flanqué d'un pavillon en retour d'équerre le long du passage de la Petite-Boucherie, jadis rue Abbatiale; il est couronné par des frontons, dont la décoration a été mutilée.

Au sud du palais, le jardin abbatial, avec ses parterres, ses allées d'arbres, sa pièce d'eau, entourait à peu près tout le chevet de l'église et

MUSÉE CARNAVALET

DON JEAN MABILLON, 1632-1707.

Montalembert a appelé ce bénédictin le plus illustre
des moines modernes.

se prolongeait jusqu'à la porte latérale du sud, dite de Sainte-Marguerite.

A l'angle sud-est du jardin abbatial, au croisement de la rue Sainte-Marguerite et du Petit-Marché, c'est-à-dire sur la chaussée du boulevard Saint-Germain, près de l'entrée de la rue du Four, s'élevait la prison du bailliage de l'abbaye. Jusqu'à l'époque de Louis XIV, l'abbé exerça, en effet, le droit de haute et basse justice sur le bourg Saint-Germain et le faubourg environnant. Sous le règne de Louis XVI, la prison était devenue une maison de détention militaire. C'est là qu'on enferma les « suspects » qui avaient été arrêtés après la journée du 10 août; la plupart furent mis à mort lors des massacres des 2, 3 et 4 septembre 1792.

Charlotte Corday fut enfermée dans cette prison; Mme Roland y commença ses *Mémoires*. Cet édifice a été démoli en 1854.

Le bailliage de l'abbaye était situé rue Cardinale, à l'angle de la rue actuelle de l'Abbaye. C'était le siège du bailli ou juge civil, criminel et de police, qui connaissait de toutes les causes, tant civiles que criminelles, dans l'enclos de l'abbaye, et des causes qui intéressaient l'administration des biens de l'abbaye.

Sur le côté septentrional de l'église, se trouvait la partie la plus ancienne et la plus intéressante des bâtiments du monastère.

C'était d'abord la chapelle de la Vierge, un peu à l'ouest de l'angle des rues de Furstenberg et de l'Abbaye. Orientée comme l'église, formée d'une nef de quatre travées avec de hautes verrières et un chevet à sept pans, elle avait été commencée en 1245 par l'abbé Hugues d'Issy, et terminée par son successeur, l'abbé Thomas de Mauléon. L'architecte de cette chapelle est Pierre de Montreuil ; il est aussi l'auteur de la Sainte-Chapelle du palais de la Cité. Longue de trente-deux mètres, large de neuf, haute sous voûte de quinze, la chapelle de la Vierge était un chef-d'œuvre de l'art ogival au milieu du XIII° siècle ; elle fut détruite lors du percement de la rue de l'Abbaye.

Sur le côté nord du grand cloître, à l'ouest de la chapelle de la Vierge et dans le même axe, se trouvait le réfectoire ; il avait été construit en 1239 par Pierre de Montreuil. Long de trente-

SALLE DE BAL DE LA FOIRE SAINT-GERMAIN.

La foire, à l'époque où cette salle fut bâtie (fin du règne de Louis XV),
était le lieu de plaisir à la mode.

sept mètres, large de dix, haut de quinze, il formait une voûte ogivale, sans piliers, d'une singulière hardiesse ; il était éclairé par quinze grandes verrières de couleur. En 1714, le réfectoire fut surmonté d'un étage, dans lequel la bibliothèque fut établie dans des conditions beaucoup plus favorables.

Le côté sud du grand cloître était adossé au bas-côté gauche de l'église. Là, se trouvait un grand corps de bâtiment, reconstruit au XVIIIe siècle ; une partie en subsiste dans la cour de la maison n° 13 de la rue de l'Abbaye.

Le bâtiment sur le côté est du grand cloître contenait, au rez-de-chaussée, la salle du chapitre et le parloir ; à l'étage supérieur, le dortoir des moines, qui était formé d'une succession de cellules.

Le côté ouest du grand cloître était occupé par la continuation de la bibliothèque, le cabinet d'antiquités et le cabinet d'histoire naturelle. Dans cette même aile se trouvait le dortoir des hôtes.

Au pied de la muraille sud de l'église et jusqu'à la hauteur de la porte Sainte-Marguerite, en

bordure de la rue Childebert, s'étendait le cimetière des religieux ; ce terrain est occupé aujour-
d'hui par des dépendances de l'église, par un
petit square et par le trottoir du boulevard Saint-
Germain.

III

La Foire Saint-Germain des Prés.

C'est seulement au XVIe siècle que les terrains
qui dépendaient de l'abbaye et qu'on désignait
sous les deux noms de bourg ou de faubourg
Saint-Germain commencèrent à se peupler
d'hôtels. Jusqu'alors, cette région de la rive gauche avait le caractère d'un grand village, dont
les habitants étaient rattachés à titres divers,
comme ouvriers agricoles ou ouvriers de métier,
au service de l'abbaye ; ils habitaient des chau-
mières, des bâtiments rustiques, dont l'ensemble
donnait une physionomie champêtre aux chemins
et aux ruelles du voisinage du monastère.

Les abbés de Saint-Germain des Prés, propriétaires de la région, se soucièrent de bonne heure de faciliter à leurs vassaux les conditions matérielles de l'existence ; ils eurent l'idée d'ouvrir, une fois par an, un grand marché pour des denrées de toutes sortes. Telle est l'origine de la foire de Saint-Germain des Prés, qui eut jusqu'à la Révolution une vogue extraordinaire. Le cadre en a été conservé par le vaste bâtiment rectangulaire qui est le marché Saint-Germain ; on y accède par la rue Montfaucon, et quatre rues aux noms bénédictins, Clément, Mabillon, Lobineau, Félibien, l'isolent des maisons voisines. C'est à peu près le périmètre de l'ancienne foire Saint-Germain.

Il en est question dès le second tiers du XIIe siècle, à l'époque de Louis VII. A partir du règne de Louis XI, les annales de la foire Saint-Germain constituent une histoire continue.

Chaque année, à des dates et pendant une durée variables, une ville de baraques et d'étalages s'improvisait sur l'emplacement du marché d'aujourd'hui. La foire répondait si bien aux besoins des habitants de la rive gauche que Guillaume Briçonnet, abbé de Saint-Germain des

Prés, prit le parti, en 1511, de faire élever à cet endroit une grande halle en pierre; sous sa vaste toiture, trois cent quarante loges ou boutiques y furent disposées.

A l'origine, la foire ne durait que quelques jours; elle finit par durer deux ou trois mois, du début de février à Pâques et souvent au delà. Elle conserva toujours son caractère de bourse de commerce; mais aux marchands et aux acheteurs s'étaient bien vite adjoints les désœuvrés, les gens à la mode, les galants qui étaient en quête d'une aventure, les filous qui méditaient un bon coup. Les bateleurs, les saltimbanques, les montreurs de phénomènes y prenaient, chaque année, une place plus grande. Les cabarets, les tripots, les salles de danse n'y manquaient pas non plus. C'est là qu'un Arménien, qu'on appelait Pascal, ouvrit pour la première fois, en 1672, une « maison de café; » l'un de ses employés, Procope, eut à son tour, à la foire Saint-Germain, un cabaret très achalandé, comme il en avait un aussi dans la rue actuelle de l'Ancienne-Comédie.

En 1726, l'administration de l'abbaye fit

Cl. Hachette

VUE ACTUELLE DU PASSAGE DU COMMERCE.
Au n° 8 se trouvait en 1793 l'imprimerie de *l'Ami
du Peuple*, de Marat.

agrandir un marché qui se tenait le mercredi et le samedi sur une petite place entre le palais abbatial et la foire. A cet endroit même, les frères Alard exploitaient un petit théâtre où les habitués de la foire avaient applaudi tour à tour des marionnettes, puis des acteurs; c'est ainsi que naquit le genre qu'on appelle l'opéra-comique. Avec les travaux de 1726, ce théâtre dut se transporter rue de Buci, au n° 12 actuel, à l'ancien jeu de paume de l'Étoile. Cependant, les diverses salles de spectacle, installées en plein vent, continuèrent à regorger de spectateurs; car c'est sur ce terrain d'origine ecclésiastique que prit naissance le théâtre de la Foire, suivant le nom que l'on donnait à un art dramatique d'inspiration populaire, fait surtout d'une grosse gaieté. La dynastie des Nicolet, très populaire dans le Paris des XVII° et XVIII° siècles, contribua, pendant de longues années, au succès de ces spectacles forains.

Les constructions de la foire Saint-Germain furent la proie, en 1762, d'un incendie; on les rebâtit, et la foire retrouva, dès l'année suivante, ses acheteurs et surtout ses oisifs; car, à la veille de la Révolution, ce coin du quartier Saint-Germain n'était plus guère qu'un lieu de divertissement. Le gouvernement impérial adjugea à la Ville de Paris tout cet emplacement qui était resté vacant, depuis la fermeture, en 1790, du monastère de Saint-Germain. Un marché monumental y fut construit en 1811.

IV

La muraille de Philippe Auguste.

Sur les bords de la Seine, le long du quai des Grands-Augustins, du quai Conti, du quai Malaquais, et aussi en arrière, les religieux de Saint-Germain possédaient de nombreux clos de vignobles. L'aspect de ce territoire monastique fut complètement modifié à partir du XIII° siècle.

Philippe Auguste avait résolu d'entourer sa capitale d'une enceinte continue. La muraille de la rive gauche, commencée peu après 1200, débutait par une grosse tour bâtie sur les bords de la Seine; c'était la tour de Philippe Hamelin,

VII

Cl. Hachette

VUE ACTUELLE DE LA RUE DU JARDINET.
Elle conduit de la rue de l'Éperon au passage du Commerce
par la cour de Rouen (et non Rohan).

d'après le nom du prévôt de Paris de l'époque ; elle s'appela plus tard la tour de Nesle. Située à l'emplacement de la bibliothèque Mazarine, elle correspondait à une tour de l'autre rive, la tour du Coin, élevée à peu de distance du Louvre ; on pouvait tendre au besoin de l'une à l'autre une chaîne de fer, que soutenaient des bateaux.

Une puissante muraille, épaisse de trois mètres environ et haute de neuf, se détachait de la tour Philippe Hamelin dans la direction du sud-sud-est. Elle traversait dans toute sa longueur la grande cour de l'Institut ; elle coupait la rue Guénégaud et le passage Dauphine ; elle débouchait rue Dauphine, là où commence la rue Mazet, dont l'ancien nom Contrescarpe indique que son tracé faisait partie des fortifications de Paris. Après la rue Mazet, la muraille traversait la rue Saint-André-des-Arts ; elle suivait ensuite la direction du passage du Commerce. Elle débouchait sur la chaussée du boulevard Saint-Germain, non loin de la statue de Danton, pour gravir au delà, par le tracé de la rue Monsieur-le-Prince, les premières pentes de la montagne Sainte-Geneviève. L'une des tours

de cette muraille est encore visible rue Guénégaud, dans la cour du n° 29.

De rares portes faisaient communiquer Paris
avec la région qui continuait à être dans la campagne. Pour le quartier qui nous intéresse, il n'y
eut, primitivement, qu'une porte : elle se trouvait
par le travers de la rue Saint-André-des-Arts, à
peu près à l'endroit où débouche la rue Mazet.
Philippe Auguste en fit don, en 1209, à l'abbaye
de Saint-Germain, ce qui représentait pour elle
un revenu notable, à cause des taxes qui étaient
perçues à l'entrée de la ville. La porte reçut le
nom de porte Saint-Germain.

L'existence d'une porte à cet endroit était
déterminée par un ancien chemin, qui remontait
à l'époque même de la basilique mérovingienne.
Pour relier la vieille église au Petit-Pont, qui
était alors le seul accès de la Cité par la rive
gauche, un chemin qui traversait les vignobles
avait été tracé à peu près en ligne droite ; c'était
la *via Sancti Germani a Pratis* ; c'est, aujourd'hui,
la rue de Buci et son prolongement la rue Saint-
André-des-Arts. Le nom de Buci, mieux de
Bussy, remonte au XIV\ :sup:`e` siècle. En 1350, les reli-

gieux vendirent la porte Saint-Germain, avec le droit d'y percevoir les taxes d'entrée, au premier président du parlement de Paris, Simon de Bussy. La porte et rue voisine prirent, dès lors, le nom de ce magistrat.

Le vieux chemin historique qui conduisait de la Cité à l'abbaye se prolongeait vers le sud-ouest. C'est exactement le tracé de la rue du Four. Par là, on se rendait aux villages d'Issy et de Sèvres.

L'importance de cette grande voie de communication lui avait valu le nom de chaussée du Roi; dans l'ensemble, la rue Saint-André-des-Arts, la rue de Buci, la rue du Four, constituaient l'artère centrale du bourg Saint-Germain. La rue du Four s'arrêtait au carrefour de la Croix-Rouge; au delà, on sortait du bourg Saint-Germain pour entrer dans la campagne. La rue du Four renfermait, dans la partie comprise entre la rue des Canettes et la Croix-Rouge, le four banal de l'abbaye; les vassaux du monastère y faisaient cuire, moyennant redevance, leurs provisions de pain.

La porte de Buci vit un événement tragique de

l'histoire de Paris. Le 29 mai 1418, à deux heures du matin, Perrinet Leclerc, fils d'un marchand de fer du Petit-Pont, ouvrit cette porte, par trahison, aux Bourguignons et aux Anglais. Ce fut le point de départ de massacres épouvantables à l'intérieur de Paris ; la domination anglo-bourguignonne était établie dans la capitale pour dix-huit ans, jusqu'en 1436. Du coup, la porte de la trahison fut appelée la porte des Anglais ; quant à Perrinet Leclerc, sa mémoire demeura à jamais maudite. Une grossière statue, qui le représentait avec une bourse pendue au cou, avait été élevée au bout du pont Saint-Michel, à l'angle de la rue Saint-André-des-Arts et de la rue de la Harpe ; encore au XVIIIe siècle, les passants la souillaient d'ordures et la criblaient de coups de pierre

Le jour de la Toussaint de l'année 1589, Henri IV, qui venait de livrer les combats d'Arques, s'était présenté à l'improviste sous les murs de Paris, dans la pensée d'entrer dans la capitale par un coup de force ; il avait occupé l'abbaye Saint-Germain des Prés. Les soldats du Béarnais avaient cru à un moment qu'ils allaient pénétrer dans la ville; s'avançant par la rue de Buci, ils avaient forcé la porte; mais bien vite ils avaient été refoulés et ils étaient restés hors des murs.

La porte de Buci disparut vers 1672, à l'époque où fut achevée la démolition des remparts de Philippe Auguste.

Au sud de la porte de Buci, sur la chaussée actuelle du boulevard Saint-Germain, à la hauteur du couvent des Cordeliers (place de l'Ecole de Médecine), les religieux avaient obtenu de faire ouvrir dans le rempart une porte, qui fut appelée porte Saint-Germain.

La nouvelle porte Saint-Germain servait de passage à la seconde grande voie qui conduisait de Paris au bourg Saint-Germain. La partie orientale, dans le voisinage de la porte, était la rue des Cordeliers; la partie occidentale, à partir de notre carrefour de l'Odéon, était la rue des Boucheries, qui finissait à la rue du Four.

Au XIX⁰ siècle, la rue des Cordeliers et la rue des Boucheries avaient reçu un même nom, rue de l'Ecole-de-Médecine. Toute cette partie du vieux Paris a disparu en 1867, 1869, 1875, lors des percements successifs du boulevard Saint-Germain. Quant à la porte Saint-Germain, elle fut démolie vers 1672, en même temps que la porte de Buci et l'ensemble de cette partie des remparts.

Les fossés des fortifications ayant été comblés, des rues furent tracées à leur place. La rue sur les fossés entre les portes Saint-Germain et de Buci, c'est notre rue de l'Ancienne-Comédie; la rue sur les fossés entre la porte de Buci et la Seine, jadis rue de Nesle, c'est notre rue Mazarine, qui, avant la construction du collège des Quatre-Nations (palais de l'Institut), débouchait directement sur le quai.

Le carrefour de Buci, situé un peu en avant de l'ancienne porte de Buci, devint, depuis l'époque de Henri IV, un lieu de circulation très active. Après l'achèvement du Pont-Neuf, on perça, en 1607, sur la rive gauche, une voie nouvelle pour donner directement accès au quartier Saint-Germain; on l'appela la rue Dauphine, en l'honneur de l'héritier de la couronne qui devait être le roi Louis XIII.

Les parages de la porte et du carrefour de

Buci furent, pendant quelque temps, le quartier des théâtres. Aux n°° 12 et 14 de la rue Mazarine, à l'emplacement de l'ancien jeu de paume des Mestayers, Molière ouvrit, en 1645, l'Illustre Théâtre. Le théâtre Guénégaud se trouvait au n° 42 de la même rue; il servit d'abord à l'opéra, puis, après la mort de Molière, aux troupes réunies de Molière et du Marais; Louis XIV ayant ordonné ensuite que la troupe de l'hôtel de Bourgogne se réunît à celle du théâtre Guénégaud, ce théâtre prit, en 1680, le nom de Comédie-Française. On achevait vers la même époque les bâtiments du collège des Quatre-Nations. Le voisinage du théâtre n'était pas convenable pour les hôtes du futur collège; ordre à la Comédie-Française de se transporter autre part. Elle s'établit, en 1689, rue des Fossés, n° 14 actuel de la rue de l'Ancienne-Comédie; elle y resta jusqu'en 1770 dans une salle de spectacle qui connut une grande vogue.

Non loin de la Comédie-Française, au n° 4 actuel de la rue de Buci, le Caveau réunissait chez le traiteur Landelle une société d'épicuriens, gens de lettres, chansonniers, artistes,

V

La Tour de Nesle et son voisinage.

Quand Philippe Auguste eut entouré sa capitale d'une nouvelle enceinte, il invita les habitants à bâtir dans la zone qui venait d'être annexée. Un seigneur de Nesle, en Picardie, répondit au désir du roi en achetant aux religieux de Saint-Germain les terrains délimités par nos rues de Nevers et Mazarine; il y fit bâtir un vaste hôtel, qui reçut son nom et dont la partie occidentale s'appuyait au mur d'enceinte et à la tour de Philippe Hamelin; celle-ci devint dès lors la tour de Nesle, et ce nom resta le sien jusqu'à sa démolition en 1660.

En 1308, Philippe le Bel acheta l'hôtel et la tour à Amaury de Nesle; il fit abattre les saules qui ombrageaient, au bord de la Seine, des cabanes de pêcheurs et établir à la place un revêtement en pierres; ce fut le commencement

LA PORTE DE BUCI,

dans l'enceinte de Philippe-Auguste, à peu près à la hauteur de la rue Mazet,
conduisait de la rue Saint-André des Arts à l'abbaye de Saint-Germain des Prés.

du futur quai Conti. Resté dans la famille royale, l'hôtel devint la propriété de Jeanne de Bourgogne, femme de Philippe le Long. Une légende, qui circulait dès le XVᵉ siècle, a fait de cette reine la principale héroïne des orgies de la tour de Nesle. Villon s'en est fait l'écho :

> *Semblablement, où est la reine*
> *Qui commanda que Buridan*
> *Fût jeté en un sac en Seine ?*

L'hôtel de Nesle fut comme le siège d'une cour très élégante quand il devint, en 1380, la propriété du duc Jean de Berry, oncle de Charles V. Le nouveau propriétaire acquit, au delà de l'enceinte de la ville, les terrains en bordure de la Seine compris entre nos rues de Seine et Bonaparte; il les transforma en vastes jardins, qu'on appela le Séjour de Nesle. C'est lui, probablement, qui fit ouvrir dans l'enceinte, au pied même de la tour, une porte monumentale, la porte de Nesle; au delà de cette porte, on se rendait au Séjour de Nesle par un petit pont à trois arches en pierre, qui franchissait le fossé de l'enceinte de Philippe Auguste.

Cette partie de l'ancien domaine de Saint-Germain des Prés resta sans grands changements jusqu'au règne de Henri IV. A cette époque, Louis de Gonzague, duc de Nevers, fit élever, à la place de l'ancien château du XIIIe siècle, un vaste édifice de briques et de pierre, suivant le goût qui dominait alors ; l'hôtel de Nevers, avec ses cours et ses jardins, couvrait tout le terrain compris entre la rue Dauphine et le pavillon de la bibliothèque Mazarine.

Nouvelles modifications au siècle suivant. L'hôtel de Nevers fut démoli en 1641 ; la majeure partie des terrains devint la propriété de Henri de Guénégaud, secrétaire d'Etat, qui chargea François Mansart d'y construire une fastueuse résidence. La façade principale, perpendiculaire à la Seine, regardait sur la petite place à l'ouest de l'hôtel actuel de la Monnaie ; par derrière, un grand jardin, avec des parterres et des pièces d'eau, s'étendait jusqu'à la rue qui a gardé le nom de Guénégaud. L'hôtel Guénégaud prit le nom d'hôtel Conti, quand il passa à une nièce de Mazarin, Anne-Marie Martinozzi, veuve d'Armand de Bourbon, prince de Conti.

Hôtel de la Monnaie,
sur le quai Conti, construit par Antoine de 1771 à 1775, à l'emplacement
de l'ancien hôtel de Guénégaud.

Les Conti en restèrent propriétaires jusqu'au milieu du XVIII° siècle; leur nom fut donné au quai, qui l'a conservé. La ville de Paris acheta ensuite l'hôtel et ses dépendances, et elle fit élever à la place, en bordure sur le quai Conti et sur la rue Guénégaud, l'hôtel de la Monnaie, œuvre de l'architecte Antoine; la première pierre en fut posée en 1771. Depuis lors, l'aspect de ce coin de Paris n'a plus changé.

VI

Le Palais de l'Institut.

Le cardinal Mazarin, mort le 9 mars 1661, avait assigné une somme de deux millions de livres pour la fondation d'un collège; on devait y élever soixante jeunes gentilshommes ou fils de bourgeois aisés, nés dans les provinces réunies à la couronne pendant son ministère : Alsace, Artois, Roussillon, Pignerol (Piémont). De là, le double nom que devait porter cette maison : collège Mazarin, ou collège des Quatre-Nations.

La commission des exécuteurs testamentaires de Mazarin, où Colbert jouait le principal rôle, désigna pour architecte Louis Le Vau, et, après sa mort, son gendre et collaborateur François d'Orbay. On choisit les terrains voisins de la tour de Nesle ; Le Vau y voyait l'avantage de dresser en face du palais du Louvre une façade monumentale, qui s'harmoniserait avec lui.

Le plan général fut arrêté en 1665 : au centre, juste dans l'axe de la porte du Louvre, la chapelle du collège, avec un dôme de forme particulière, circulaire en dehors, elliptique à l'intérieur ; de part et d'autre de la chapelle, deux ailes concaves, terminées chacune par un gros pavillon carré, faisant une saillie très accusée. En arrière de ce premier corps d'édifices, les bâtiments du collège furent répartis sur trois cours : une cour octogonale, la cour de l'Horloge, qui était comme la cour d'honneur ; une grande cour rectangulaire, qui était proprement la cour du collège ; une petite cour de service, dite cour des Cuisines, avec sa sortie sur la rue Mazarine, ancienne rue des Fossés-de-Nesle.

Les bâtiments ne s'ouvrirent, pour le service

du collège, qu'en 1688. Le tombeau même de Mazarin, qui fut érigé dans la chapelle, n'était terminé qu'en 1692.

Pendant la Révolution, le collège servit à toutes sortes d'usages : prison, école centrale, magasins militaires, greniers. Bonaparte le rendit en partie à sa destination première, quand il transféra du Louvre à l'ancien édifice de Le Vau les écoles des beaux-arts (1801). De même, en 1805, il y transféra l'Institut national, qui, depuis sa fondation en 1795, était installé au Louvre.

La tâche fut lourde pour l'architecte Vaudoyer d'adapter à ce nouvel usage les bâtiments du collège des Quatre-Nations et de faire vivre côte à côte, dans un espace trop étroit, l'Ecole des Beaux-Arts et l'Institut. Le 4 octobre 1806, la Coupole servait, pour la première fois, à une séance publique de l'Institut. Aux environs de 1830, l'Ecole des Beaux-Arts abandonna les bâtiments du collège Mazarin pour ceux qu'elle occupe actuellement rue Bonaparte, dans l'ancien couvent des Petits-Augustins. Dès lors, les destinées de l'ancien collège étaient fixées : il était devenu et il est resté le palais de l'Institut.

Cependant l'Institut n'occupe pas l'édifice tout entier ; le pavillon oriental et l'aile qui s'y rattache sur le quai appartiennent à la bibliothèque Mazarine et à ses dépendances.

La façade qu'on embrasse du pont des Arts est à peu près exactement celle qui a été construite par Le Vau. Les seules modifications notables consistent dans la disparition de douze statues d'évangélistes et de pères de l'Eglise qui couronnaient l'entablement au-dessus du portique de la chapelle ; dans la suppression des boutiques qui occupaient les arcades du rez-de-chaussée ; dans la présence de quatre lions en fer coulé, de style égyptien, qui furent disposés à la fin du premier Empire, pour servir alors de fontaines ; dans l'ouverture d'un passage pour les piétons entre le quai et la rue de Seine, qui isole en partie le pavillon occidental ou pavillon De Caen.

En entrant par la porte cochère à gauche de la Coupole, quai Conti n° 23, on se trouve dans la cour d'honneur. Deux perrons se font vis-à-vis, avec des pilastres cannelés qui supportent un fronton. A l'est, c'est l'entrée de la biblio-

HÔTEL DE NEVERS *(emplacement actuel de la Monnaie).*
Tour de Nesle, à l'emplacement du pavillon oriental de l'Institut ; pont de pierre sur le fossé de la muraille de Philippe-Auguste.

thèque Mazarine, que le cardinal avait léguée au collège et qui est demeurée indépendante de l'Institut; la salle de lecture occupe exactement la place de la tour de Nesle. A l'ouest, c'est l'entrée de la Coupole, pour le public qui dispose, les jours de séance publique, des places très recherchées du Centre.

Vaudoyer a su tirer le meilleur parti d'un édifice qui était originairement une chapelle et qu'il a aménagé en salle de réunion académique pour environ douze cents personnes. La chapelle était précédée d'un grand vestibule, auquel on accédait par le portique du quai; il a garni ce vestibule de gradins et en a fait l'amphithéâtre nord. Le centre de la chapelle a été divisé en deux hémicycles : du côté du nord, pour le public; du côté du midi, pour les membres de l'Institut. La chapelle latérale de l'est et la chapelle latérale de l'ouest étaient situées l'une et l'autre dans un renfoncement; elles ont reçu des gradins et sont devenues l'amphithéâtre est et l'amphithéâtre ouest. Au-dessus de ces trois amphithéâtres ont été aménagées trois tribunes.

La partie arrière de la chapelle renfermait le

maître-autel; il était au-dessous de la coupole d'un petit dôme. A droite, côté de l'ouest, dans un renfoncement, se trouvait le tombeau de Mazarin, œuvre de Coyzevox, de Le Hongre et de Tuby; il est aujourd'hui au musée du Louvre. A sa place se dresse la statue en marbre de Napoléon Iᵉʳ, œuvre de Roland, membre de l'Institut (1810). Du côté de l'est, un passage conduit à la cour d'entrée; un escalier, qui descend de la bibliothèque de l'Institut, sert de passage aux académiciens pour les jours des séances sous la Coupole.

Toute cette partie arrière a été isolée par une cloison percée de deux portes; entre les deux portes est placé le bureau, qui sert à l'Académie présidente; en avant du bureau, une petite tribune pour les lecteurs. Une tribune aménagée au-dessus de l'ancien chœur reçoit les musiciens et les chanteurs pour les séances publiques de l'Académie des Beaux-Arts. Derrière le bureau, sur une console, le buste du duc d'Aumale, qui a donné à l'Institut de France le musée et le domaine de Chantilly.

A l'intérieur de la coupole de Le Vau, Vau-

Collège des Quatre Nations *(aujourd'hui palais de l'Institut)*,
construit par Le Vau, en exécution du testament de Mazarin.
Les travaux commencèrent à la fin de 1662 ; le collège fut ouvert en 1688.

doyer en a construit une autre, qui a eu pour effet de réduire de moitié la hauteur du dôme et d'empêcher ainsi une trop grande dispersion de la voix. Huit lunettes percées dans cette coupole intermédiaire correspondent aux huit grandes croisées du dôme.

Les bâtiments entre la première et la seconde cour, de même que l'aile de la seconde cour qui est en bordure de la rue Mazarine, étaient occupés par les services du collège : classes, salle des actes, réfectoire, appartements des fonctionnaires, chambres des élèves, etc. Ils sont occupés aujourd'hui par le secrétariat de l'Institut, la salle de lecture de la bibliothèque de l'Institut, à laquelle on a donné la hauteur de deux étages, les magasins de la bibliothèque, des appartements de secrétaires perpétuels, etc. Jusqu'en 1847, les salles des séances hebdomadaires des Académies se trouvaient dans le bâtiment entre la seconde cour et la rue Mazarine.

La seconde cour, qui était la cour de récréation des élèves, était limitée à l'est, à peu près sur le tracé même de l'ancienne enceinte de Philippe Auguste, par un grand mur ; dans l'angle nord-est, un pavillon, moins en saillie qu'aujourd'hui, était occupé par la cage de l'escalier actuel. Contre ce mur, une aile a été édifiée, sous Louis-Philippe, par l'architecte Le Bas, pour y loger divers services de l'Institut; elle a été inaugurée en 1847. Elle se termine, à l'angle sud-est, par un pavillon que Le Bas a construit exactement semblable aux trois autres.

En entrant par la porte D (Secrétariat-Bibliothèque), on trouve, à l'entresol, le secrétariat de l'Institut, les cabinets des secrétaires perpétuels et des commissions; au premier étage, la bibliothèque et les deux salles des séances des Académies. La première, beaucoup plus grande, sert à l'Académie des Sciences (le lundi), à l'Académie des Inscriptions (le vendredi), à l'Académie des Beaux-Arts (le samedi). La seconde, de caractère plus intime, sert à l'Académie française (le jeudi), à l'Académie des Sciences morales et politiques (le samedi).

Au fond de la seconde cour, le mur qui est à gauche de la fontaine a remplacé une grille; elle fermait une petite cour, de même étendue que la cour des Cuisines, qui était le jardin du collège.

En 1795, cette portion de terrain a été occupée par les services de la Monnaie, qui est contiguë ici à l'ancien collège des Quatre-Nations.

La cour des Cuisines a conservé son portail sur la rue Mazarine, qui ouvre un passage à travers les trois cours du palais de l'Institut. Sur la droite de cette cour, la margelle d'un vieux puits porte encore sa curieuse ferronnerie et sa poulie. Le bâtiment du fond est occupé par le Bureau des Longitudes.

VII

Le Pré-aux-Clercs.

Le quai Malaquais, entre la rue de Seine et la rue des Saints-Pères, est, avec ses étalages de bouquinistes, ses libraires et ses marchands d'estampes, une partie très vivante des bords de la Seine ; pendant longtemps, ce fut une région à peu près déserte. Elle n'avait guère d'autre caractère que d'être le port du bourg Saint-Germain : port Saint-Germain ou port de Nesle.

Quand les habitants du bourg voulaient se rendre sur la rive droite, ils étaient obligés, jusqu'à la construction du Pont-Neuf (seconde moitié du XVIe siècle), de faire un long trajet, par la rue Saint-André-des-Arts, pour aller gagner les ponts de la Cité. Un chemin, beaucoup plus court, se détachait de la rue de Buci, droit vers la rivière; c'est aujourd'hui la rue de Seine. Sur la berge, se trouvait un bac, qui conduisait à l'autre rive de la Seine. Ainsi s'explique le nom de port aux Passeurs, qui a été porté pendant quelque temps par cette partie de la rive gauche. Pour la rue de Seine, c'est seulement en 1812 qu'elle fut prolongée, du côté du sud, jusqu'à la rue de Tournon, en ouvrant ainsi une direction continue depuis la rivière jusqu'au palais du Luxembourg.

Au nord de la rue Jacob et à l'ouest de la rue Saint-Benoît, d'une part jusqu'à la Seine et d'autre part jusque vers le Champ-de-Mars actuel, s'étendaient de vastes terrains, qui restèrent long-temps sans habitations. On les désignait sous le nom commun de Pré-aux-Clercs, comme ou aurait dit Pré-aux-Etudiants, le mot de Clercs désignant dans la langue du moyen âge les écoliers de l'Université. Ces terrains avaient tous fait partie à l'origine des domaines de l'abbaye; puis les moines en avaient cédé une partie à l'Université de Paris, qui en fit le terrain de jeu de ses étudiants. Il en résultait la présence, aux jours de fête, d'une population bruyante et assez mélangée, dans le voisinage de l'abbaye; les rixes étaient fréquentes entre les étudiants et les habitants du bourg. Les moines eurent aussi plus d'un conflit avec les « clercs, » soit pour les limites précises des terrains occupés par l'Université, soit pour l'exercice du droit de pêche, que les religieux entendaient jalousement réserver à eux-mêmes et à leurs vassaux; le poisson entrait, en effet, pour une bonne part dans l'ordinaire de l'abbaye.

Le nom de petit Pré-aux-Clercs s'appliquait spécialement à la partie orientale de ces terrains, celle qui est limitée aujourd'hui par la rue de Seine, la rue Jacob, la rue Bonaparte et le quai; c'était proprement le terrain qui servait aux ébats des étudiants. L'Université aliéna à son tour une bonne partie de ce domaine; au milieu du XVI⁰ siècle, le petit Pré-aux-Clercs était à peu près entièrement couvert de maisons d'habitation et de jardins.

Le chemin de la Noue ou de la petite Seine séparait les deux Prés aux Clercs; c'est notre rue Bonaparte, pour la portion comprise entre le quai et la rue Jacob. Dans les temps primitifs de l'abbaye, la petite Seine était un canal, creusé de la main des moines, pour permettre aux embarcations qui servaient à l'approvisionnement du monastère d'arriver jusqu'aux murs de clôture; on sait que ces murs correspondaient au côté méridional de la rue du Colombier, aujourd'hui rue Jacob. Puis le canal avait été comblé, et il était devenu une voie d'accès vers la Seine.

Toute cette région du Pré-aux-Clercs subit de grandes transformations dans les premières années du XVII⁰ siècle. Marguerite de Valois (la reine Margot), la première femme de Henri IV, avait acheté, en 1606, une grande étendue de terrains en bordure du quai Malaquais; elle voulait avoir, en face du Louvre, une résidence d'aspect royal. Elle fit construire un hôtel magnifique, dont la façade se développait sur le quai, qu'on appela alors quai de la Reine-Marguerite; l'entrée principale de l'hôtel se trouvait rue de Seine, à l'emplacement du n° 6 d'aujourd'hui. Du côté du sud, les jardins de l'hôtel arrivaient jusqu'aux maisons de la rue des Marais (aujourd'hui rue Visconti). Du côté du couchant, ils s'étendaient jusqu'à la rue des Saints-Pères d'un seul tenant, car la reine avait obtenu la suppression du chemin de la Petite-Seine, qui conduisait de l'abbaye à la rivière. Au delà de la rue des Saints-Pères, les jardins se continuaient par un immense parc, non clos de murs, qui couvrait tout le terrain compris entre la rue de l'Université et la Seine. La rue de Verneuil, la rue de Lille (jadis rue de Bourbon), représentent les anciennes allées de cette propriété de plaisance; la reine l'avait ouverte aux habitants du faubourg Saint-Germain, qui en avaient fait leur promenade favorite.

Marguerite de Valois mourut en 1615; elle laissait une succession fort obérée. Il fallut procéder, cinq ans plus tard, à la mise en vente de l'hôtel et de toutes les dépendances, pour payer les dettes de la défunte. Alors fut rétabli, à la place des jardins qui y avaient été dessinés, le vieux chemin entre l'enceinte de l'abbaye et la Seine, qui est devenu la rue Bonaparte.

Sur le terrain de l'ancien hôtel de la reine Marguerite fut élevé le grand hôtel de La Rochefoucauld Liancourt; il avait son entrée rue de Seine et se prolongeait par des jardins jusqu'à la rue des Petits-Augustins (Bonaparte). Le percement de la rue des Beaux-Arts en 1825 a fait disparaître cette somptueuse résidence du XVIIe siècle.

La reine Marguerite avait fait, dans les jardins de son hôtel, une fondation en faveur des Augustins-Déchaussés, puis en faveur des Petits-Augustins; mais ces derniers religieux n'eurent leur église qu'après sa mort : la première pierre en fut posée en 1617 par Anne d'Autriche. Elle sert aujourd'hui de musée à l'Ecole des Beaux-Arts, qui occupe aussi d'autres dépendances de l'ancien couvent. Ainsi s'explique le nom de Petits-Augustins, qui a été porté pendant deux siècles par l'ancien chemin de la Petite-Seine.

Le lotissement des terrains de la reine Marguerite amena, dans le premier tiers du XVIIe siècle,

TOMBEAU DU CARDINAL MAZARIN,
œuvre de Coysevox (1692), jadis dans la chapelle du collège des
Quatre Nations, aujourd'hui au Musée du Louvre.

la construction de plusieurs maisons sur le quai.
L'une d'elles a été exactement conservée ; c'est
l'immeuble qui fait le coin de la rue Bonaparte,
n° 9 sur le quai. Il a été construit entre 1622 et
1628, dans le plus pur style Louis XIII. Il est
connu sous le nom d'hôtel de Transylvanie,
parce qu'il fut habité par le prince de ce pays,
François Rakoczi, qui s'était réfugié en France
en 1713.

A côté, là où s'élève sur le quai la façade de
l'Ecole des Beaux-Arts, construite par Duban
de 1858 à 1862, un somptueux hôtel du XVIIe
siècle, l'hôtel Loménie de Brienne, occupait
une partie des terrains de la reine Margot. Pendant la Révolution et l'Empire, ce fut le ministère de la Police générale ; il fut alors la résidence de Fouché. Il a été démoli en 1845 ; le
terrain a servi à l'agrandissement de l'Ecole des
Beaux-Arts, qui s'est annexé aussi à côté le
grand hôtel de Chimay.

La rue des Saints-Pères s'était appelée jadis
d'un nom que l'on retrouve aussi pour d'autres
chemins du quartier, le chemin aux Vaches ;
elle était empruntée par les troupeaux qu'on

menait paître sur le grand Pré-aux-Clercs. Le nom qui a prévalu depuis longtemps, sous cette forme bizarre du pluriel, a été emprunté à la chapelle Saint-Pierre, dite autrefois Saint-Père, située près de l'angle actuel de la rue et du boulevard Saint-Germain. Cette chapelle fut probablement la première paroisse des vassaux de Saint-Germain; car l'église même de l'abbaye ne servit jamais qu'au service monastique. Au XIIe siècle, l'église Saint-Sulpice la remplaça comme paroisse du faubourg. Autour de Saint-Père, comme de tous les lieux consacrés par l'emplacement d'une église, se trouvait un cimetière; il formait l'encoignure de la rue Taranne (côté méridional du boulevard Saint-Germain); il fut réservé jusqu'en 1604 à la sépulture des protestants. En 1611, la chapelle Saint-Père fut cédée à perpétuité aux Frères de la Charité, qui venaient tout récemment de s'établir dans le voisinage.

Marie de Médicis avait fait venir de Florence des frères hospitaliers, de l'ordre de Saint-Jean de Dieu, pour fonder un hôpital à Paris. Leur hôpital fut ouvert en 1605, sur le quai Mala-

Cl. Hachette

VUE ACTUELLE DE LA FAÇADE DU PALAIS DE L'INSTITUT.

Au milieu de la place, la République, statue en marbre, par Soitoux.
Entrée du palais de l'Institut, à gauche de la Coupole, au n° 23, quai Conti.

quais, au coin de la rue de la Petite-Seine, là
où devait se bâtir, une vingtaine d'années plus
tard, le futur hôtel de Transylvanie. Un siècle
plus tôt, presque au même endroit, François Ier
avait fait commencer un hôpital pour les lépreux,
qu'on appelait la Charité ou le Sanitat; puis les
travaux avaient été abandonnés. La fondation
de Marie de Médicis faillit avoir le même sort.
Quand Marguerite de Valois acheta les terrains
des bords de la Seine, les frères de Saint-Jean
de Dieu durent céder les bâtiments qu'ils occupaient depuis peu. Leur hôpital fut transféré en
1608, dans une autre partie du grand Pré-aux-
Clercs, à proximité de la chapelle Saint-Pierre.
C'est le grand hôpital de la Charité qui s'élève,
depuis cette époque, à l'angle de la rue Jacob
et de la rue des Saints-Pères.

Le nom même de rue Jacob est un souvenir de
la reine Marguerite et des constructions qu'elle
avait fait élever dans le quartier. A l'endroit
où Anne d'Autriche fonda, en 1617, le couvent
des Petits-Augustins, Marguerite de Valois
avait eu l'idée, une dizaine d'années plus tôt,
d'établir un couvent pour des Augustins-

Déchaussés ; elle voulait que ce couvent, destiné à « tenir lieu de l'autel de Jacob, » portât le nom de couvent de Jacob. Comme le terrain du couvent s'étendait du côté du sud jusqu'à la rue du Colombier, le nom de Jacob fut alors appliqué à la portion de cette rue comprise entre la rue de la Petite-Seine (future rue des Petits-Augustins ou rue Bonaparte) et la rue des Saints-Pères.

La rue qui prolongeait du côté du couchant la rue Jacob portait, encore au XVIIIᵉ siècle, le nom assez inattendu à cet endroit de rue de la Sorbonne ; c'était sans doute, comme le nom de rue de l'Université, un nom donné par les étudiants, quand ils fréquentaient cette partie alors inhabitée du grand Pré-aux-Clercs. Le nom de rue de l'Université ne s'employait pour cette longue artère qu'à partir de la rue du Bac.

La rue des Saints-Pères se prolongeait vers le sud, au delà de la rue Taranne, jusqu'à la rencontre de la rue de Grenelle, comme elle le fait toujours. Bien qu'il soit difficile d'indiquer pour une époque précise les limites entre les deux régions, bourg Saint-Germain, faubourg Saint-

Germain, que le langage courant confondait souvent l'une avec l'autre, la rue des Saints-Pères pouvait être considérée, au XVIIIe siècle, comme la fin du bourg, c'est-à-dire de la partie proprement monastique du quartier, et le commencement du faubourg, c'est-à-dire de la partie où les familles de la noblesse avaient pris l'habitude d'avoir leur résidence à Paris. Au delà de la rue des Saints-Pères, cinq rues dans le sens de la Seine : la rue de Varenne, la rue de Grenelle, la rue Saint-Dominique, la rue de l'Université, la rue Bourbon (rue de Lille), trois rues perpendiculaires à la Seine : la rue du Bac, la rue de Bellechasse, la rue de Bourgogne, dessinaient de vastes îlots qu'occupaient quelques couvents et surtout des hôtels particuliers avec des jardins, dont certains avaient le caractère de parcs. C'était dès lors le « noble faubourg, » le faubourg habité par la noblesse, la région de Paris qui était regardée comme le foyer par excellence de l'aristocratie française.

A l'encoignure de la chapelle Saint-Père, un carrefour était formé par la croisée de la rue des Saints-Pères et des deux rues Taranne et

Saint-Dominique, qui étaient à peu près dans le prolongement l'une de l'autre.

Le percement du boulevard Saint-Germain a modifié l'aspect des lieux. Cependant, la partie nord du boulevard, des deux côtés de la rue Saint-Guillaume, a conservé encore d'anciens immeubles qui appartenaient à la rue Saint-Dominique. Le nom de Saint-Dominique avait été donné à cette rue à cause du noviciat général des Dominicains, qui y était établi depuis le règne de Louis XIII; les bâtiments du noviciat, qui subsistent toujours à côté de l'église Saint-Thomas d'Aquin, sont occupés aujourd'hui par des services de l'artillerie.

La rue Taranne, qui correspond au bas-côté méridional du boulevard Saint-Germain entre la rue des Saints-Pères et la rue de Rennes, tirait son nom d'un changeur et bourgeois de Paris; il y avait fait bâtir, sous le règne de Charles VI, un hôtel, qui fut l'un des premiers construits sur les terres de l'abbaye.

Sur le côté sud de la rue Taranne, la rue du Sépulcre conduisait au carrefour de la Croix-Rouge; c'est aujourd'hui la rue du Dragon, ainsi

Cl. Hachette

SUR LE TROTTOIR EN FACE DE LA COUPOLE.
Tout en fouillant dans les «boîtes», les amis des bouquins jouissent de
l'admirable panorama des bords de la Seine à la hauteur du pont des Arts.

appelée d'une grande cour qui y débouche. La cour du Dragon fut jadis une caserne de mousquetaires; elle forme aujourd'hui comme une cité de petits artisans.

Le côté nord de la rue Taranne, entre l'enclos de la chapelle Saint-Père et le coin de la rue Saint-Benoît, était occupé par un grand terrain, qui se prolongeait sur le côté occidental de la rue Saint-Benoît: c'était le clos ou la courtille de l'abbaye. Jusqu'au règne de Louis XIII, les religieux y cultivèrent des légumes, y élevèrent de la vigne et des arbres fruitiers. Ensuite, ce terrain fut vendu par parcelles, et on commença à y bâtir.

La rue Saint-Benoît a pris seulement, en 1641, le nom du célèbre fondateur de la règle monastique, qui est bien à sa place dans le quartier des Bénédictins; auparavant, c'était la rue de l'Egout.

La courtille de l'abbaye reçut un jour la visite d'un pape. Alexandre III, après avoir consacré l'église abbatiale le dimanche 21 avril 1163, s'était rendu, en procession solennelle, dans le pré contigu au monastère, et, devant la foule des assistants, il avait déclaré que « l'église Saint-Germain des Prés, existant du propre droit du bienheureux Pierre, ne relevait d'aucun archevêque ou évêque, mais seulement du souverain pontife de la sainte église romaine. » L'endroit où le pape avait franchi l'enclos du monastère devint la porte Papale ; elle se trouvait sur le côté est de la rue Saint-Benoît, un peu au nord de la rue de l'Abbaye. Elle fut condamnée en 1551 ; l'enclos monastique n'eut alors plus de débouché sur ce côté que par la porte Saint-Benoît.

A l'angle de la rue Saint-Benoît et de la rue Jacob, au coin de l'ancien mur d'enceinte du jardin des moines, subsista pendant longtemps une petite tourelle quadrangulaire, qui faisait partie d'un pavillon de garde. Cette échauguette a disparu vers 1850. C'était comme le dernier vestige de l'autorité que l'antique abbaye des moines de Saint-Benoît avait exercée, pendant plus de douze siècles, sur le quartier de Saint-Germain des Prés.

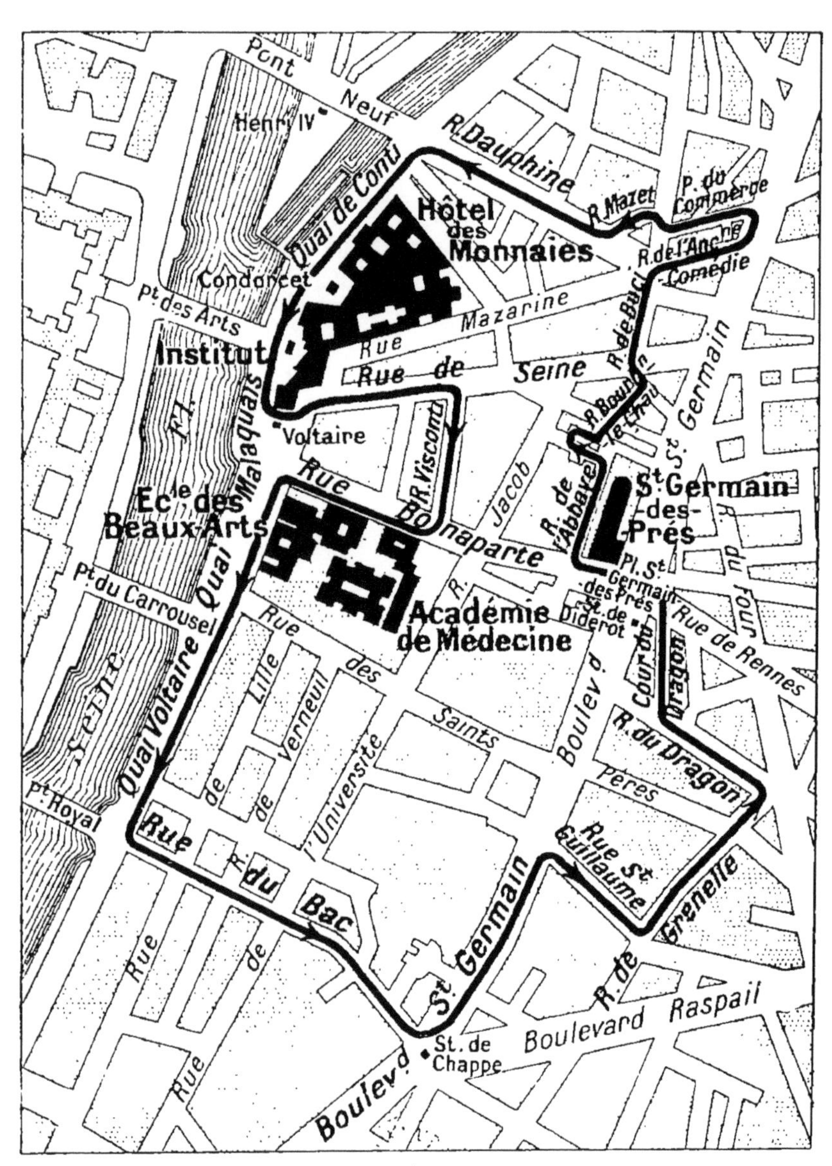

Pont
Neuf
Henri IV
Quai de Conti
R. Dauphine
R. Mazet
P. du Commerce
R. de l'Anc.ne
Comédie
Condorcet
Mazarine
R. de Buci
Pt. des Arts
R. de Seine
R.I.
Rue
Institut
Rue de Seine
R. Bourb
le chau
S.t Germain
Voltaire
R. Viscont
Jacob
Quai Malaquais
Rue
R. de l'Abbaye
S.t Germain
-des-
Prés
Ec.le des
Beaux-Arts
Bonaparte
Académie
de Médecine
Pl. St.
Germain
-des-Prés
St.de
Diderot
Rue du Four
Rue de Rennes
Pt. du Carrousel
R.
Cour
Pt. Royal
Quai Voltaire
Rue
Lille
de verneuil
des
l'Université
Saints
Pères
Boulev.d
R. du Dragon
Seine
Rue
du
Bac
Rue St. Guillaume
R. de
Grenelle
Rue
de
St. Germain
Boulev.d
St. de
Chappe
Boulevard Raspail

ITINÉRAIRE

L'itinéraire qui suit comprend, pour le VIe arrondissement, à peu près les quartiers de Saint-Germain des Prés et de la Monnaie, et, pour le VIIe arrondissement, une partie du quartier de Saint-Thomas d'Aquin.

Ce coin de la rive gauche a une physionomie très nettement caractérisée. A l'ombre de l'antique abbaye bénédictine et de la Coupole, entre le Quartier Latin aux joyeuses rumeurs et le « Noble Faubourg » aux hôtels solennels, aux rues tranquilles, c'est l'un des foyers intellectuels de Paris. La plupart des industries et des boutiques se rapportent à la vie de l'intelligence : imprimeries, maisons d'édition, de libraires, de relieurs, de marchands d'estampes, d'encadreurs, de marchands de couleurs (ceux-ci se trouvent surtout dans le voisinage de l'Ecole des Beaux-Arts). Sur les parapets qui bordent la Seine, les « boîtes » des bouquinistes constituent un marché du livre en plein vent. C'est encore le quartier des antiquaires ; le commerce du meuble « ancien » a ses principales assises au quai Voltaire, dans la rue des Saints-Pères, dans la rue de Seine et dans plusieurs rues adjacentes. L'amateur de bibelots et de bric-à-brac y est sollicité par de nombreuses « occasions. »

Prenons, comme point de départ de notre promenade, la place Saint-Germain des Prés.

Boulevard Saint-Germain. — La partie du boulevard qui s'étend à l'est de l'église Saint-Germain des Prés correspond à peu près aux anciennes rues Childebert, d'Erfurt (jadis Petite rue Sainte-Marguerite), des Boucheries Saint-Germain.

Le long de l'église, deux petits squares : le premier, à côté d'une station du Métropolitain, occupe l'emplacement d'un ancien cimetière de l'abbaye ; le second (statue de Bernard Palissy ; grand bas-relief en porcelaine de Sèvres) est une partie de l'ancien jardin abbatial.

A la hauteur du n° 168. sur la chaussée actuelle, se trouvait la prison de l'Abbaye, où commencèrent les massacres de septembre 1792.

FAÇADE DE L'ÉCOLE DES BEAUX-ARTS,
sur le quai Malaquais, entre l'hôtel de Transylvanie, à gauche, qui forme le coin
de la rue Bonaparte, et, à droite, l'hôtel de Chimay.

Le passage de la Petite-Boucherie est l'ancienne rue Abbatiale ; il longe en partie le palais de l'abbé de Saint-Germain des Prés.

La rue de l'Echaudé (plusieurs maisons anciennes) suit la direction des fossés de l'abbaye.

Sur le côté sud du boulevard, la rue Montfaucon conduit au marché Saint-Germain : c'était l'ancienne entrée de la célèbre foire.

A gauche, la *rue de Buci*. Au n° 12, il y eut, au XVIII° siècle, une salle d'opéra-comique. Favart y donna sa première pièce en 1734. Au n° 4, se tenaient, à la même époque, chez le traiteur Landelle, les réunions littéraires du Caveau, où fréquentaient Piron, Crébillon, Collé, Helvétius, Boucher, Rameau. Là aussi s'installa la première loge maçonnique fondée à Paris.

La *rue Grégoire-de-Tours* (jadis des Mauvais-Garçons) a des maisons anciennes.

Au n° 117 du boulevard, le Cercle de la Librairie, construit par Charles Garnier, l'architecte de l'Opéra.

De la rue de Buci à la rue de l'Ancienne-Comédie, le boulevard a emprunté le tracé de la rue des Boucheries, ainsi nommée parce que vingt-cinq étaux de bouchers y étaient installés. Un de ces étaux appartenait à Legendre, le farouche Conventionnel.

Rue de l'Ancienne-Comédie. — Son ancien nom (rue des Fossés-Saint-Germain des Prés) indique qu'elle longeait la muraille de Philippe Auguste.

Au n° 21, s'ouvre la *Cour du Commerce Saint-André.* On y trouve des souvenirs de toutes les époques. Un photographe est installé sur l'enceinte de Philippe Auguste. Un cours de jeunes filles occupe un hôtel construit pour Diane de Poitiers. Au n° 9, le docteur Guillotin essaya sur des moutons le couperet de sa « philanthropique machine à décapiter. » En face, la veuve du député Brissot avait ouvert un cabinet de lecture, avec la bibliothèque de son mari guillotiné. Dans la boutique voisine s'imprimait l'*Ami du Peuple*, de Marat; celui-ci, qui habitait non loin, y venait corriger ses épreuves, en robe de chambre « avec revers imitant la peau de panthère; » le prote de l'imprimerie s'appelait Brune et devait finir maréchal de Napoléon. La statue de Danton s'élève, sur le boulevard, à l'emplacement même de la maison du tribun.

La *Cour de Rohan*, qui fait suite à la Cour du Commerce (et qu'il faudrait écrire de Rouen, comme faisant partie de l'ancien hôtel des archevêques de Rouen), constitue un coin charmant avec ses anciennes maisons, son vieux puits, et la rue du Jardinet qui la prolonge.

Revenons rue de l'Ancienne-Comédie.

Au n° 14, la Comédie-Française fut installée de 1689 à 1770. Plus tard, trois artistes y eurent leur atelier : David, Horace Vernet, Gros.

Au n° 13, l'ancien café Procope, la première maison de ce genre, fondé en 1689 par l'Italien Procopio, de son vrai nom Francesco dei Coltelli, gentilhomme de Palerme, venu chercher fortune à Paris. Le café Procope joua un rôle important dans l'histoire du XVIIIᵉ siècle. Il compta parmi ses clients Voltaire, Diderot, Piron, Fréron. Puis, ce fut le tour des protagonistes du grand drame révolutionnaire : Danton, C. Desmoulins, Marat, Robespierre. Enfin, au XIXᵉ siècle, Musset, G. Sand, Gambetta se sentirent attirés par tous les souvenirs qui hantent ce lieu.

A la hauteur du carrefour de Buci, s'élevait la porte de Buci, qui faisait communiquer Paris avec le quartier de l'abbaye Saint-Germain des Prés. En septembre 1792, le premier bureau d'engagements volontaires y fut dressé; des charrettes, chargées de prêtres, y furent attaquées par la populace. Ce fut le début des massacres qui se poursuivirent à la prison de l'Abbaye.

Rue Dauphine. — Ouverte sous Henri IV, comme débouché au Pont-Neuf; ainsi appelée en l'honneur du dauphin (Louis XIII).

A la hauteur du n° 44, ancien emplacement de la porte Dauphine, détruite seulement en 1785.

La *rue Christine* porte le nom de Christine de France, fille de Henri IV.

La *rue de Nesle* rappelle l'hôtel de ce nom, qui était voisin de la Seine. Elle donne dans une petite rue très étroite, qui porte aussi le nom d'un ancien hôtel, la *rue de Nevers.*

Quai Conti, ancien « chemin sur Seine, » ainsi appelé en l'honneur du prince de Conti, frère du grand Condé, propriétaire de l'hôtel situé en bordure.

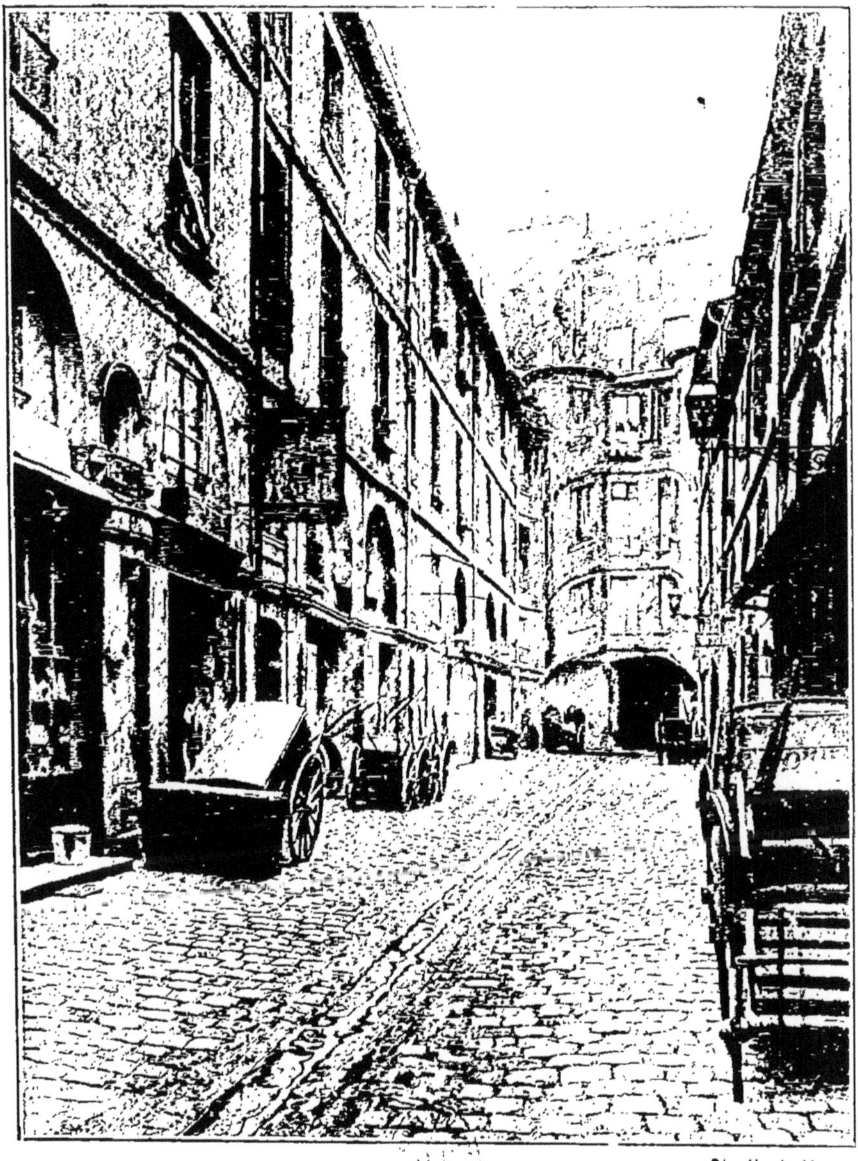

Cl. Hachette

VUE ACTUELLE DE LA COUR DU DRAGON,
entre la rue de Rennes et la rue du Dragon. Au fond,
tours servant de cage d'escalier.

Nº 11. Hôtel de la Monnaie, construit de 1771 à 1775 par l'architecte Antoine, sur l'emplacement de l'ancien hôtel de Nesle, qui était devenu l'hôtel de Nevers, puis Guénégaud, puis Conti. La Monnaie possède un intéressant musée, installé dans une suite de beaux salons Louis XVI. On peut le visiter ainsi que les ateliers.

Nº 13. Petit hôtel Guénégaud bâti par Mansart. Les jours de sortie de l'Ecole Militaire, Bonaparte y habitait une petite chambre au troisième étage dépendant de l'appartement de ses amis Permon, parents de la future duchesse d'Abrantès.

Nº 15. A peu près à l'emplacement de la fameuse tour de Nesle.

Nº 23. Entrée principale du palais de l'Institut. C'est là que se presse la foule élégante les jours de réception à l'Académie française.

Rue de Seine. — Elle s'ouvre derrière le pavillon ouest de l'Institut qui contient le musée De Caen.

Les nᵒˢ 2, 4, 6 occupent l'emplacement du palais de la reine Margot (Marguerite de France, première femme de Henri IV). Les jardins s'étendaient le long du quai jusqu'à la rue des Saints-Pères.

Rue Visconti. — Elle s'appelait jadis rue des Marais-Saint-Germain. Elle contient beaucoup de maisons anciennes. Au XVIe siècle on l'appelait « la Petite Genève, » parce que le premier synode protestant s'y tint en 1559 et que de nombreux réformés, entre autres Bernard Palissy, y habitaient.

N° 17. Imprimerie fondée par Honoré de Balzac. Atelier de Paul Delaroche.

N° 21. Hôtel de Rannes : il fut habité par La Champmeslé, Adrienne Lecouvreur, Mlle Clairon, Mounet-Sully.

Racine est mort dans une maison, aujourd'hui disparue, qui était située entre le n° 24 actuel et la rue Bonaparte.

Rue Bonaparte. — Anciennement rue des Petits-Augustins pour la partie comprise entre le quai Malaquais et la rue Jacob. La partie qui va de la rue Jacob à la place Saint-Germain des Prés a été ouverte, en 1804, sur les terrains de l'abbaye Saint-Germain des Prés.

Au n° 14, s'élève l'Ecole des Beaux-Arts, sur l'emplacement du couvent des Petits-Augustins. Pendant la Révolution, un courageux archéologue, Alexandre Lenoir, y recueillit, sous le nom de Musée des Monuments français, un grand nombre d'œuvres d'art.

N° 16. Hôtel de l'Académie de Médecine, depuis 1902.

Quai Malaquais. — Il fait suite au quai Conti.

N° 3. Hôtel qui fut habité par le maréchal Maurice de Saxe.

N° 9. Hôtel de Transylvanie, ainsi nommé en souvenir de François Rakoczi, prince de Transylvanie (1713), qui y installa une académie de jeu, rendue célèbre par *Manon Lescaut*.

Nᵒˢ 11 et 13. Ancien hôtel de Juigné, hôtel de la Police générale sous l'Empire, habité par Fouché et Savary. Ecole des Beaux-Arts.

N° 17. Ancien hôtel de Chimay, annexé en 1885 à l'Ecole des Beaux-Arts; il fut construit par Mansart pour la veuve de Charles Iᵉʳ et habité par Marie-Anne Mancini, duchesse de Bouillon, amie de La Fontaine et inspiratrice des *Contes*.

Quai Voltaire. — Bâti par les soins de Mazarin ; il fait suite au quai Malaquais.

N° 1. Ancien hôtel du maréchal de Tessé. Le maréchal Bugeaud y est mort.

N° 9. Hôtel où habitait Ingres.

N° 25. Appartement d'Alfred de Musset. Un magnifique patio, rapporté de Saragosse, a été reconstitué par l'antiquaire Schutz.

N° 27. Hôtel du marquis de Villette, où mourut Voltaire en 1778.

Rue du Bac. — Ancien chemin conduisant à un bac (remplacé aujourd'hui par le Pont-Royal), établi en 1567 pour la construction du château des Tuileries.

N° 46. Ancien hôtel de Samuel Bernard, le célèbre financier des règnes de Louis XIV et de Louis XV. On y admirait des boiseries de Boffrand. Il subsiste une belle porte.

Reprendre le boulevard Saint-Germain, à gauche, jusqu'à la rue Saint-Guillaume.

Rue Saint-Guillaume. — Renan habita au n° 16. — Le n° 27, occupé aujourd'hui par l'Ecole libre des Sciences Politiques, est un ancien hôtel, qui appartint aux Matignon, aux

Montemart, à la princesse de Mecklembourg, au duc de La Vauguyon, etc. — Tourner à gauche.

Rue de Grenelle. — Ancienne route conduisant à Grenelle. On y remarque nombre de façades intéressantes; notamment, au n° 15, un hôtel du XVIIIe siècle, bâti par Brongniart.

La rue de Grenelle mène au *Carrefour de la Croix-Rouge.* Le nom de Croix-Rouge vient d'une croix ou d'une enseigne qui, au XVe siècle, indiquait un hospice de contagieux.

Au carrefour de la Croix-Rouge aboutit la *rue du Dragon.* Au n° 30, Victor Hugo, jeune homme, habita, en compagnie d'un cousin, une petite mansarde à deux compartiments. Il y composa ses premières odes.

Au n° 1 s'ouvre la *Cour du Dragon.* Le dragon sculpté, au-dessus de l'entrée (50, rue de Rennes) rappelle la légende de Sainte-Marguerite, dont la rue était voisine (aujourd'hui rue Gozlin). Avec son ruisseau dans le milieu, ses petites boutiques d'il y a deux cents ans, ce coin savoureux a conservé toute sa physionomie du passé.

En sortant de la cour du Dragon, nous nous retrouvons au boulevard Saint-Germain, en face de l'église Saint-Germain des Prés.

BIBLIOGRAPHIE

Mgr. P. BATIFFOL. — *Ce que nous enseigne Saint-Germain des Prés. (La Vie et les Arts liturgiques, mai 1919).*

BOUILLARD (Dom J.). — *Histoire de l'abbaye royale de Saint-Germain des Prés, 1724, in-folio.*

BOURG (Dom du). — *Vie monastique dans l'abbaye de Saint-Germain des Prés, aux différentes périodes de son histoire. (Revue des Questions historiques, 1905).*

BROGLIE (Emm. de). — *Mabillon et la société de Saint-Germain des Prés à la fin du* XVIIe *siècle, 1888, 2 vol. in-8°.*

CAÏN (G.). — *Promenades dans Paris.*

CORDIER (H.). — *Annales de l'hôtel de Nesle (Collège des Quatre Nations. Institut de*

France). 1916, in-4°. (*Mémoires de l'Académie des Inscriptions et Belles-Lettres,* t. XLI.)

DRUMONT (E.). — *Mon vieux Paris,* 1re série.

FROMAGEOT (P.). — *La Foire Saint-Germain des Prés,* 1903.

HOFFBAUER. — *Paris à travers les âges,* t. II. *L'hôtel de Nesle. Le Pré-aux-Clercs et l'abbaye de Saint-Germain des Prés,* par A. Franklin 1882, in-folio.

LACOUR-GAYET (G.). — *La Pologne à Paris. Jean Casimir, abbé de Saint-Germain des Prés.* (*La Pologne politique, économique, littéraire et artistique,* 15 octobre 1923). — *L'abbaye de Saint-Germain des Prés et son monastère bénédictin,* 1924.

LEFÈVRE-PONTALIS (E.). — *Etude historique et archéologique sur l'église Saint-Germain des Prés.* (*Congrès archéologique de France.* LXXXIIe Session, 1920.)

LEMONNIER (Henry). — *Le collège Mazarin et le Palais de l'Institut,* 1921, in-4°.

MOUTON (Léo). — *L'hôtel de Transylvanie,* 1907. — *Le quai Malaquais,* 1915.

TABLE DES CHAPITRES

I. L'église Saint-Germain des Prés............ 5

II. Le monastère de Saint-Germain des Prés.... 12

III. La foire Saint-Germain des Prés............ 20

IV. La muraille de Philippe Auguste............ 24

V. La tour de Nesle et son voisinage.......... 32

VI. Le palais de l'Institut...................... 35

VII. Le Pré-aux-Clercs.......................... 43

Itinéraire 57

OUVRAGES SUR PARIS

publiés par la LIBRAIRIE HACHETTE
79, Boulevard Saint-Germain, PARIS

COLLECTION DES GUIDES BLEUS, format in-16,
toile bleu foncé, avec cartes et plans :

Paris .... 25 fr.
Environs de Paris.......................... 25 »

GUIDES ILLUSTRÉS, format in-16, toile bleu ciel,
avec cartes et plans :

Paris en 8 Jours........................... 8 »
Le même en anglais...................... 8 »

GUIDES DIAMANT, format in-32, cartonnés, avec
cartes et plans :

Paris et ses environs...................... 6 »

PLANS DE PARIS ET DE LA BANLIEUE :

Plan de Paris en 12 coupures (reliées en
atlas, format de poche)................... 5 »
Plan de Paris en 1 feuille (plié et cartonné). 3 50
Banlieue de Paris, atlas des Communes de la
Seine :

Région Ouest................................ 10 »
Région Est.................................... 10 »

CARTES :

100 kilomètres autour de Paris, carte routière
au 1/100.000^e, par coupures reliées en
deux atlas, format de poche :
Région Ouest................................ 12 fr.
Région Ouest................................ 12 »

Ouvrages Divers :

Promenades dans toutes les rues de Paris par arrondissement. Ouvrage du Marquis de ROCHEGUDE, complet en 4 volumes cartonnés, contenus dans un élégant étui........ 60 fr.

Histoire Municipale de Paris, des origines jusqu'à Henri IV, par P. ROBIQUET, 3 vol. in-8°, brochés (ouvrage couronné par l'Académie française)........................... 22 50

Paris, ses organes, ses fonctions, sa vie, par Maxime DU CAMP, de l'Académie française, 6 volumes (épuisé).

Les Convulsions de Paris, par Maxime DU CAMP, de l'Académie française, 4 volumes (épuisé).

Le Musée du Louvre (Peinture, sculpture, objets d'art), par L. HOURTICQ, 221 reproductions et 7 plans. In-16, broché......... 10 »

Le même ouvrage, édition anglaise (*A Guide to the Louvre*)........................... 10 »

Huit jours à Versailles, par Paul GRUYER. 1 vol. in-16, illustré, mi-relié............. 15 »

Le même ouvrage, en anglais............... 15 »

Paris, sa gloire et ses rayons, par les Ombres de Henri CALLOT, poème de DESVEAUX-VÉRITÉ, musique de Georges FRAGEROLLE, album .... 7 »

2865-9-24 — Imp. HENRY MAILLET, 3, rue de Châtillon, Paris.